POLITIQUE POPULAIRE.

Discussion entre Jean Burin, ajusteur,

ET SON PATRON,

SUR LE

DROIT AU TRAVAIL

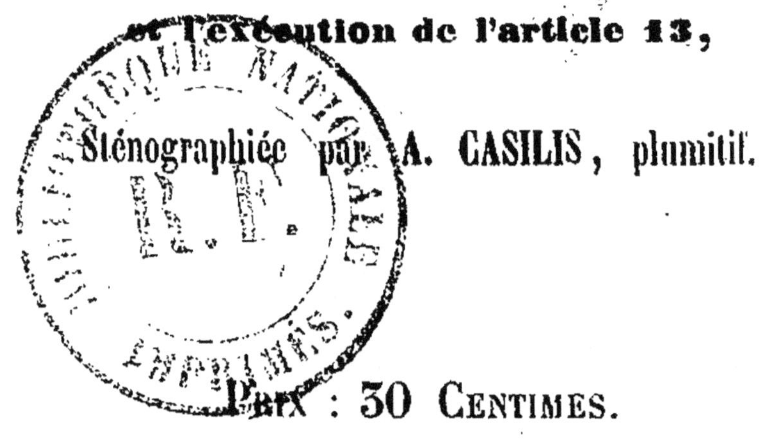

et l'exécution de l'article 13,

Sténographiée par A. CASILIS, plumitif.

Prix : 30 Centimes.

PARIS

CHEZ P. MASGANA, ÉDITEUR,

Galerie de l'Odéon, 12.

1848

POLITIQUE POPULAIRE.

— Dis donc, Jean Burin, as-tu lu le journal?

— Non, mon brave, attendu qu'avec vingt sous pour déjeuner à six, il n'y pas de quoi se donner ce plaisir, et toi?

— Ma foi moi non plus, mais il paraît qu'ils mordent enfin à la constitution là-bas, et que ça ne va pas trop bien pour nous.

— Qu'est-ce qu'il y a donc encore?

— Je ne te dirai pas que ce soit du positif, mais Barnet, tu sais, le Flamand qui travaille à l'usine, m'a assuré qu'on avait effacé le droit au travail, et que ça passerait comme çà.

— Laisse-donc, je crois que tu as fait le gobe-mouches, puisqu'on nous corne aux oreil-les depuis plus de six mois ce que nous savons mieux qu'eux, savoir : 1° que c'est nous tous seuls, tu entends, qui avons fait la révolution ; 2° que c'est par conséquent surtout pour nous que nous devons avoir travaillé.

— Tiens, parbleu, je le sais bien ; Dieu merci, tu m'as vu fonctionner en Février, et le patron sait bien que si nous n'étions pas tous parmi les insurgés en Juin, c'est que nous avons bien l'espoir qu'on ne nous tiendra pas encore pendant vingt ans le bec dans l'eau, pas vrai, patron ?

— Oui, mes amis, vous êtes de braves gens, et je souhaite de tout mon cœur que l'on vous rende justice.

— Est-ce que c'est possible autrement, Baptiste ? que diable, ce sont des hommes de bon sens, à ce qu'on dit, crois-tu donc qu'ils soient gens à semer avant d'avoir défriché et fumé la terre ?

— Il ne s'agit pas de terre, puisqu'il s'agit de travail à nous donner.

— Si tu ne me comprends pas, moi je m'entends et le patron aussi, ainsi vois, déjà ils instruisent mon fils gratis, n'est-ce pas, ça c'est bien : je suis un honnête homme, je travaille toute la sainte journée, grâce au patron, ce n'est donc pas sa faute ni la mienne si je n'ai pas de quoi payer l'école. Ils ont compris, eux aussi, ils se sont dit qu'il fallait du bois pour l'hiver, des jupes à la grande mère, à ma femme, à ma fille, à celle de mon frère, le pauvre homme qui est mort en Afrique avant d'avoir servi trente ans. Ils ont saisi que quand on est resté toute la semaine à l'atelier où il ne sent pas trop bon, sauf votre respect, patron, et le soir chez soi où on n'y voit goutte, on n'est pas fâché d'aller tous ensemble le dimanche prendre l'air hors des barrières, manger un morceau de veau sur le pouce et boire quelques verres de vin meilleur marché. Est-ce que c'est exorbitant ça, patron ?

— Certes, non, Jean Burin, et tu me rappelles le temps où j'éprouvais les mêmes besoins et où mes fêtes étaient les mêmes ; mais dis-moi, où veux-tu en venir ?

— Laissez-moi suivre mon fil, vous débrouillerez bien mon idée.

— Poursuis alors.

— Voilà donc mon fils instruit gratis, je dis que c'est bien, attendu que moi je me ferais couper en quatre pour les honnêtes citoyens qui m'ont appris gratuitement le peu que je sais, et m'ont ainsi mis à même de lire quelques bons livres, de tenir moi-même mes petites affaires, de distinguer enfin dans tout ce que je voyais et entendais, l'or pur de la fausse monnaie ; donc, je le répète encore, cela est bien.

Mais par supposition, nous voilà dans la morte saison, les affaires vont très-mal, ça peut durer six mois, un an, une faillite vous arrive, à vous, patron, qui vous ruine ; vous ne pouvez pas tirer le pain de la bouche à vos enfants pour le donner aux miens, et un beau jour vous me dites : Jean Burin, mon garçon, tu travailles chez moi depuis vingt ans, tu m'a gagné bien de l'argent, je n'ai jamais eu qu'à me louer de toi, tu es père de famille, mais le malheur est entré dans ma maison, et je suis obligé de liquider, je tâcherai de te placer chez un confrère, car je ne peux plus t'occuper, et là-dessus vous essuyez vos yeux. Moi qui vous connais, je vous dis: patron, vous me donnerez ce que vous pourrez, rien s'il le faut, tant que les affaires iront mal, mais je tiens à votre maison comme si c'était la mienne, il ne faut pas qu'elle tombe, et nous allons travailler plus dur qu'avant; mais il n'y a pas moyen, vous vendez tout et me voilà sur le pavé. Il ne faut pas songer à se placer ailleurs, les bons patrons, et il y en a, se saignent pour conserver leurs ouvriers, mais ils n'en peuvent prendre d'autres, les mauvais vous les renvoient par vingtaines.

M. Racine a dit que le bon Dieu donnait la pâture aux petits des oiseaux, ça me donne un peu de confiance, quoiqu'à vrai dire je mange plus qu'un oiseau, et que je n'aie pas encore vu tomber la manne ; d'ailleurs, en vingt ans j'ai pu mettre cent écus à la caisse d'épargne, et je les en tire un par un ; ça va vite dans un ménage de six personnes ; mais à présent que nous nous promenons toute la journée, on peut supprimer les parties du dimanche, et on ne boit plus de vin, attendu que l'octroi est toujours là, si le travail manque ; après ça c'est le tour du pain blanc : le troupier de la caserne voisine nous cède pour peu de chose son pain de munition, il n'y a pas encore trop de mal :

mais voilà le terme, depuis vingt ans nous le payons recta, et ma femme est d'avis comme moi que ce qui est dû est dû, vingt-cinq écus y passent du coup, c'est dur, mais enfin c'est dû. Quelques jours après voilà l'impôt mobilier qui me tombe sans que j'y pense: le dernier sou y passe, et ma femme me regarde sans rien dire; moi qui ne perds pas facilement la carte, je lui réponds : Sois tranquille, mes enfants auront du pain demain, Baptiste va me rendre ce soir l'argent qu'il me doit. —
— Quel argent? — Qu'est-ce que ça te fait, pourvu que ce soit du vrai argent. C'est que j'ai pensé au mont-de-piété, une belle institution, ma foi, et bien philanthropique qui a toujours de l'argent à notre service; je ne sais pas, par exemple, comment ils font pour en avoir toujours s'ils y perdent, enfin, n'importe; le jour de mes noces je m'étais acheté une montre, c'est un souvenir, et il y a quinze ans qu'elle m'annonce tous les soirs le moment où je vais souper et causer avec ma mère, ma femme et mes enfants: j'y tiens, ça ce conçoit, mais enfin, j'ai l'espoir de la retirer un jour, et l'espoir est solide chez nous, vous savez, patron..... après, la maison se dégarnit chaque jour, ma femme pleure comme une Madeleine, parce qu'elle a mis quinze ans pour réunir quelques meubles et amasser un peu de linge; or, pensez, le linge c'est la passion de ma femme comme de la vôtre, aussi à chaque

pièce qui part, c'est comme si on lui arrachait un morceau du cœur. Mais que voulez-vous, moi je renfonce les larmes qui m'étranglent, et je me mets en colère pour brusquer l'affaire; bref, nous mangeons sur nos genoux sans craindre les taches de beurre, les matelas sont dédoublés, je fais coucher les deux filles avec la grand'mère, le petit sur une botte de paille d'avoine, et enfin nous voilà six personnes avec ce que nous avons sur le corps, deux lits, deux matelas, deux couvertures et pas de draps. C'est gai, ma foi, avec ça que c'est demain la Toussaint, et aujourd'hui pluie fine et vent de Nord.

— Mais enfin, Jean Burin, quel rapport ce tableau sinistre a-t-il avec ton idée première?

— Laissez-le dire, patron, il me semble que je vois les cinquièmes de la montagne Ste-Geneviève, et je commence à comprendre.

— Qu'est-ce que cela vous fait, patron, laissez-moi discourir à ma fantaisie, puisque vous voulez bien perdre quelques instants à m'écouter.

— Eh bien ! soit, discours à ton aise.

— Dans cette position donc, patron, j'ai douze heures par jour et autant par nuit pour penser à mon sort, et vous, au moins, vous savez que la blouse, j'entends la blouse qui travaille, aime sa mère, sa femme et ses enfants au moins autant que Louis-Philippe aimait les siens. Et alors je me dis, la belle avance pour mon fils d'être instruit gratis, on lui apprend que le travail élève l'homme, que sa dignité exige qu'il ne tende jamais la main, on le met en état de lire et de comprendre ces beaux livres de monsieur Jean-Jacques Rousseau, où les droits de l'homme sont inscrits à chaque page, et d'un autre côté voilà son père qui se ronge le foie sans pouvoir appliquer une seule de ces belles vérités et encore après qu'il a risqué je ne sais combien de fois sa vie pour les faire descendre des livres dans la pratique. Voilà du temps singulièrement employé, une organisation sociale drôlement entendue : quiconque ne vit pas de son travail se dégrade, nous dit la lettre ; dégrade-toi donc toutes les fois que nous n'aurons pas besoin de toi, dit l'application.

— Allons, allons, excellent Jean Burin, calme-toi ; d'idée en idée tu vas, tu vas et te voilà animé comme si tous les malheurs dont tu nous parlais avaient fondu sur toi.

— Eh si ça ne m'est pas arrivé, patron, vous savez bien à qui ça tient ; si vous aviez fait faillite, comme tant d'autres, ou si seulement vous ne vous étiez pas souvenu que vous aviez été ouvrier comme nous, où en serais-je à présent, dites, voyons, hein ?

— Où tu en serais, où tu en serais..., mais enfin tu n'y es pas.

— Grâces vous soient rendues et Dieu soit loué en ce qui me regarde ; mais Fréron y est, mais Sargeot, que Baptiste connaît bien, vient de voir mourir sa femme sur de la vieille paille, sans couvertures, trois jours après qu'elle venait de lui donner deux jumeaux ; la mère périssait de besoin, les enfants ne trouvaient pas de lait, et lui qui a travaillé toute sa vie et qui est un honnête garçon, était là à genoux par terre, sans parler, sans pleurer, sans penser pendant que sa femme tournait les yeux à la mort et que les enfants criaient la faim..... Allez, patron, je suis sûr que sans ses deux enfants, il aurait pris le corps de sa pauvre jeune femme et se serait jeté avec elle dans le canal ; c'était le vingt-deux juin ; aussi le voilà transporté avec plus d'un que nous connaissons et qui ne sont pas tous des gredins.

— Que ne le disait-il ton ami Sargeot, nous aurions pu, à nous tous, lui venir en aide et le sauver du précipice où l'a mené le désespoir.

— Vous me le demandez, patron? mais vous savez bien que l'ouvrier cache sa misère et qu'il rougit jusqu'au blanc de l'œil d'être obligé d'avouer qu'avec ses bras et son intelligence il est moins avancé que le fainéant qui accoste le bourgeois à la tombée de la nuit, lui conte de fausses misères et lui arrache un sou.

— Soit, mon ami, c'est là une des belles qualités du travailleur, mais enfin la ville va chercher le malheur à domicile et lui distribue des secours.

— Je le sais, patron, la ville de Paris fait bien des sacrifices et beaucoup d'honnêtes gens y mettent encore du leur, mais que voulez-vous que fasse une famille avec une livre de viande tous les dix jours? d'ailleurs on ne la gagne pas et beaucoup, soyez-en certain, préfèrent sécher de faim que de manger l'aumône; ce n'est pas ça du tout qu'il nous faut.

— Du travail, n'est-ce pas, je conçois votre désir, mais comment veux-tu qu'on vous emploie lorsqu'il y a crise, c'est-à-dire que les objets produits sont déjà trop nombreux pour la consommation?

— Comment je veux? laissez-moi vous dire comment je comprends ça; seulement je vous préviens que sans être avocat, je suis un peu verbeux quand je m'y mets; cela vient de ce qu'habituellement je pense plus que je ne parle, beaucoup d'idées se pressent alors, je les suis dans ma tête sans me les représenter par des mots qui les enchaînent, et alors je me trouve un peu embarassé quand je veux les communiquer à quelqu'un de plus instruit que moi.

— Fais comme si tu ne parlais que pour Baptiste; je sais, mon brave Jean Burin, que tu es l'oracle de l'atelier et j'en suis bien aise.

— Voyez-vous, patron, tous, et vous comme les autres, affirmez, depuis le 24 février, que Jean Burin, ajusteur, et tous ses camarades font partie du souverain absolument aussi intimement que les bras et jambes de Louis-Philippe faisaient encore partie du souverain le 22 du même mois, vous m'accordez cela?

— Certainement.

— Bon ! or, il est certain que si l'un des membres de Louis-Philippe eût été sérieusement malade, on aurait mis en réquisition toutes les facultés du monde, et eût-il fallu de la chair humaine pour empêcher la gangrène, avouez qu'on en aurait trouvé.

— De la chair humaine, mon ami, c'est un peu fort, mais il est certain que les raisons d'État font faire des choses bien extraordinaires.

— Oui, patron, et plus encore qu'extraordinaires; eh bien ! sans nous flatter, je crois que nous autres ouvriers de toute espèce, mécaniciens, typographes, maçons, laboureurs, terrassiers, peintres, etc., etc., nous sommes au moins les jambes et les bras du souverain qui, sans nous par conséquent, serait condamné à l'immobilité, à l'inaction et à la mort. Nous voyez-vous en effet, nous entendant tous une bonne fois et les quatre millions que nous sommes faisant grève en même temps? Tout d'un coup plus de fabrication d'aucune espèce, plus de labours, plus de pain; nous voilà nus comme vers à la belle étoile et broutant l'herbe que le soleil et la pluie voudraient bien faire pousser. Qu'ils seraient beaux à voir en ce moment ces financiers qui trouvent étrange que pour venir en aide aux hommes qui souffrent on veuille imposer le revenu et grever les transactions, et ces propriétaires fonciers qui se plaignent de tout ce qu'on fait pour nous, et ces inflexibles économistes qui, ne jurant que par Malthus, sourient de pitié à tout principe qui échappe à leur statistique et tous ces hommes enfin à tempérament exigeant, qui se disent le cerveau de la nation et que je soupçonne un peu d'en être surtout l'estomac! mais nous sommes trop bons et trop bêtes pour jamais en venir là.

— Dis-donc plutôt, mon ami, que vous n'êtes pas assez simples pour en venir là, car le résultat serait facile à prévoir en définitive, et puisque tu me cites Jean-Jacques, laisse-moi te dire ce que le bon Lafontaine te répond ici.

— Dites, patron, parce que voyez-vous les vers m'ont toujours effarouché.

— Eh bien! ce bon Lafontaine qui, lui aussi, ne manquait pas de bon sens, raconte à sa façon qu'un certain Menenius Agrippa voulant ramener dans Rome le peuple qui chômait justement en masse, comme tu voudrais qu'on fît, et s'était retiré sur le mont Aventin, que ce Menenius imagina précisément de se servir de ta comparaison. Il dit à ses concitoyens égarés : un jour les membres se révoltèrent contre l'estomac :

Nous suons, disaient-ils, comme bêtes de somme;

Et pour qui? pour lui seul : nous n'en profitons pas,
Votre soin n'aboutit qu'à fournir ses repas;
Chômons, c'est un métier qu'il veut nous faire ap-
[prendre.
Ainsi dit, ainsi fait. Les mains cessent de prendre,
Les bras d'agir, les jambes de marcher :
Tous dirent à Gaster qu'il en allât chercher.
Ce leur fut une erreur dont ils se repentirent :
Bientôt les pauvres gens tombèrent en langueur;
Il ne se forma plus de nouveau sang au cœur;
Chaque membre en souffrit, les forces se perdirent.

Et c'est là ce qui vous arriverait.

— C'est vrai, patron, et je suis bien aise que vous m'ayez fait savoir que le bon Lafontaine aussi reconnaît la solidarité qui existe entre les membres et l'estomac, entre les travailleurs et les consommateurs, d'autant plus que d'un autre côté je me suis laissé dire que quand messer Gaster prenait l'habitude d'absorber sans cesse et forçait les membres au repos afin de garder plus pour lui, bientôt ceux-ci, malgré eux les pauvres, se trouvaient pris de mal, de la goutte par exemple, et que cette dernière gagnant peu-à-peu, finissait par arriver jusqu'à l'estomac lui-même, et alors emportait du même coup les uns et autres.

— Tu as encore raison, Jean Burin, tu défends toujours ton idée et les arguments ne te font pas défaut.

— Mais, patron, c'est qu'elle est simple comme bonjour, mon idée : puisque nous fai-

sons partie du souverain, puisque, nous lan-
guissant, tout le souverain pâtit ; puisque sous
Louis-Philippe on n'aurait reculé devant rien
pour guérir le souverain ; puisque nous souf-
frons, et beaucoup et depuis longtemps, il faut
qu'à la chair humaine près on n'épargne rien
pour nous ramener à la santé, et le souverain
avec ; or, notre sang à nous, la seule chose qui
puisse nous donner courage et vigueur, ce n'est
pas l'oisiveté payée par l'aumône, mais le travail rémunéré selon sa valeur : il faut donc que
nous en ayons toujours, et pour nous mettre
une fois pour toutes l'esprit en repos, il faut
qu'on nous le garantisse.

— Garantir, garantir, mais ce n'est qu'un
mot ; tu seras bien avancé quand on t'aura dit :
le travail est garanti, si, quand tu viendras en
demander, on te répond : mon ami, ceux qui
ont fait cette promesse auraient dû se souvenir qu'à l'impossible nul n'est tenu et qu'au-
cun décret ne détruit une vérité vraie.

— Patron, je regrette de vous entendre parler ainsi avant qu'on ait rien tenté. Napoléon
a dit que le mot impossible n'était pas français,
de son temps bien entendu ; César, le Napoléon des Romains, a prouvé que pour conqué-
rir le monde il suffisait de franchir le Rubicon ;
il y en a bien un troisième et ce devrait être
Alexandre qui, abordant un pays ennemi, faisait brûler ses vaisseaux pour se forcer à marcher en avant. Mais il paraît que les Napoléon,

les César et les Alexandre sont rares à l'Assemblée et que le droit au travail est un Rubicon où pourraient se noyer les hommes qui n'ont pas la taille, enfin il en sera ce qu'on aura voulu ; mais voyez-vous, patron, je ne suis pas socialiste comme on l'entend, je me ferais tuer pour ma famille et si jamais j'ai une petite propriété, je recevrai de la bonne manière quiconque viendra me dire que je l'ai volée; enfin vous savez si je suis ami de l'ordre, moi qui n'ai rien à défendre cependant, mais...

— Mais, mais, mais quoi? voyons, que veux-tu dire avec tes hochements de tête?

— Je veux dire que je veux du travail et je ne sors pas de là; c'est ma propriété, le droit au travail : du jour où on nous à crié, sur les marches de l'Hôtel-de-Ville, que le droit au travail était une vérité, je me suis dit : bon ! me voilà propriétaire, mes deux bras sont une véritable terre dont le revenu est assuré, et je m'en allais disant aux autres : c'est beau tout de même un pays où tout le monde est propriétaire, voilà le vrai moyen d'attacher à la patrie, aux institutions; nous étions certainement plus contents que le roi, et le million de la liste civile dont je ne regrette pas d'ignorer la couleur, nous fit l'effet de la lune en face du soleil.

Il paraîtrait donc aujourd'hui que l'Hôtel-de-Ville a du guignon : en 1830, la Charte devait être une vérité ; six mois après Février

1848, le droit au travail devient un mensonge;
c'est possible, mais ça ne durera pas, c'est moi
qui vous le dis.

— Tu n'as pas besoin de me le dire, je le
comprends assez, et je regrette d'autant plus
qu'une parole imprudente vous ait fait croire
que le droit au travail, principe né d'une théo-
rie purement sociale, c'est-à-dire contestable,
fût une vérité essentielle, une conséquence
forcée de l'état de société.

— Pardon, patron, pardon ; permettez-moi
de vous dire que l'ouvrier a fait un peu de che-
min depuis le temps où vous l'étiez vous-même.
Il y en a bien encore beaucoup qui se laissent
prendre à toutes les déclamations, mais il y en
a d'autres et en plus grand nombre qu'on n'a
l'air de le croire, qui écoutent sans faire sem-
blant de rien le tiers et le quart, lisent le pour
et le contre et achèvent avec leur bon sens de
distinguer l'erreur et la vérité comme je dis-
tingue le laiton du cuivre.

— Et alors tu as décidé dans ta sagesse que
le droit au travail était incontestablement in-
hérent à notre état de société?

— Oui, patron, et je vous le prouverai, si
vous avez du temps à perdre.

— Va toujours, Jean Burin, que je sois de
ton avis ou que je te détrompe, mon temps
sera bien employé.

— Je me suis donc laissé dire et j'ai lu
qu'au commencement les hommes vivaient

comme des bêtes, parce qu'ils étaient peu nombreux, que la terre était aussi grande qu'aujourd'hui et qu'ils s'y rencontraient rarement; alors ils cueillaient les fruits que le sol ne leur refusait pas, et dressaient des embûches aux autres animaux : tout cela bien entendu où et quand ça leur convenait, puisque là où il n'y a pas de propriétaires, il ne saurait exister ni gardes champêtres, ni gardes-chasse, ni gardes-pêche, ni gardes forestiers, ni gendarmes. Je me suis toujours dit que c'était dans le genre de vie que l'humanité menait alors qu'il fallait chercher les droits absolus de l'homme, c'est-à-dire ceux qui sont inséparables de son organisation naturelle et que les états postérieurs n'ont pu que modifier sans jamais les détruire; il me paraît dès lors très patent que, bien qu'il n'y eût pas encore de contestations, il existait un droit certain, celui de cueillir un fruit pour apaiser sa faim, de creuser un trou pour s'abriter de la pluie, du froid et du soleil, absolument comme font encore aujourd'hui les castors, les blaireaux, etc. C'est là le droit de vivre réduit à sa plus simple expression, n'est-il pas vrai patron?

— Oui, mon ami ; mais c'est l'état sauvage.

— D'accord, patron, c'est la créature du bon Dieu, sortant des mains du bon Dieu, n'ayant encore eu affaire qu'à lui, et trouvant tout ce qu'il lui faut ; on ne se doutait pas encore qu'un jour ce bon monsieur Malthus,

Lycurgue économiste, prêcherait à tous ses adeptes que quiconque n'a pas de travail ici bas est de trop, et doit, pour sauver la société, aller rejoindre par le Rhône, la Loire ou la Seine, tous les autres grands criminels que ce bon monsieur Couthon envoyait à l'Océan pour sauver la République.

Pardons de la fugue, je reprends : voilà les hommes qui pullulent, les fruits et les animaux deviennent plus rares, il se rencontre des êtres adroits et prévoyants en même temps que des paresseux et des voraces, on commence donc à s'exterminer ; je me suis toujours imaginé, patron, que c'était là le fonds de cette histoire de Caïn et Abel ?

— Tu parles comme un docteur qui voudrait être clair.

— Donc, les paresseux s'apercevant qu'en tuant les premiers, ils n'en étaient pas moins obligés de travailler pour apaiser leur faim, et les autres trouvant qu'il était dur d'avoir toujours à craindre la rapacité des paresseux, les deux partis se posèrent mutuellement des conditions et la première société se forma. Naturellement le bien-être augmenta dès qu'il n'y eut plus d'inutiles et tout le monde y participa, sans quoi la convention devenait nulle. Voilà donc une société qui fonctionne.

Vous savez mieux que moi, Patron, qu'il y a dans la nature une loi générale d'harmonie, d'après laquelle les plus belles combinaisons de l'ordre moral, comme on dit, sont celles qui paraissent calquées le plus exactement sur quelques-unes des combinaisons qu'offre le monde matériel; ainsi les sociétés les plus parfaites sont celles dont l'organisation a le plus de ressemblance avec celle de l'individu, de cette machine divine qui me plonge dans la stupéfaction, toutes les fois que j'en lis la description, et cependant vous savez, Patron, si j'en ai ajusté de belles machines.

Aussi, suivez la marche de ces sociétés primitives, vous voyez de temps à autre les forts et les fourbes, le ventre et le cervelet chercher à dominer et vouloir profiter sans servir, c'est une machine dont la bièle est trop lourde et le volan trop léger, la crise, le point mort arrive, voilà un arrêt, un choc, un ébranlement. Les faibles, nombreux et intelligents, gagnent-ils du terrain, c'est le cerveau, le cœur, les artères qui se développent, c'est la bièle qu'on allège et le volan dont on allonge le rayon; dès-lors, plus d'arrêt aux points morts, tout l'outillage de la machine convenablement huilé marche comme il faut et un homme suffirait à en surveiller deux ou trois. Remarquez que ça va de mieux en mieux, jusqu'à ce qu'une nouvelle classe de la société, un membre particulier de l'individu, un certain organe de la machine attire trop à elle, refuse de fonctionner ou ne reçoive plus assez d'huile; à partir de là, tout va de mal en pis, il surgit des antagonismes, des luttes, et la société finit par y passer absolument comme se détraque et se met elle-même hors de service une machine mal ajustée.

Vous voyez ainsi, Patron, que, de même que toutes les facultés sont tenues de fonctionner dans l'intérêt de l'individu et fonctionnent utilement, tant qu'elles sont préservées de tout dépérissement, de même dans les sociétés tout individu ou tout corps d'individu est tenu de concourir à l'intérêt général, mais à la condition d'être préservé lui-même de tout dépérissement.

D'où je conclus qu'au point de vue naturel, chacun a le droit absolu de vivre, cela veut dire sans autre condition, et qu'au point de vue social chacun est tenu de se soumettre à des conditions normales de travail, mais qu'en échange, et autant dans l'intérêt de la société que dans le sien propre, il est en droit d'exiger qu'il lui soit fait une existence en rapport avec les besoins que cette société lui crée.

Voilà pour moi et les autres, Patron, le véritable droit de vivre en travaillant. Vous voyez que nous ne nous sommes pas contentés d'exprimer des pavés de Février l'assistance ou la taxe des pauvres, mais que nous en avons fait jaillir l'extinction de la misère, la nécessité de développer notre être moral et de poser les limites que ne peut dépasser la force humaine. Nous n'en démordrons pas, Patron, soyez en convaincu, et si les promesses qu'on nous a jetées par les fenêtres de l'Hôtel-de-Ville n'étaient qu'un os sans moëlle, dont on voulait baillonner un chien qu'on trouvait hargneux, tant pis pour nous d'avoir mordu à cette Charte-Vérité, mais nos enfants n'y perdront rien pour attendre.

— Jusqu'à tes derniers mots je suis de ton avis, et je mets ceux-ci sur le compte de l'improvisation.

— Dame ! il y a plus d'un chien de bonne race que la soif a fait devenir enragé. Voyons, Baptiste, as-tu suivi mon raisonnement ?

— Pardieu, il est casé, là, dans ma tête, et comme il ne parle ni d'abolir la famille, ni de partager les biens, ni de piller, ni de guillotiner ni de couper les pans d'habits pour les mettre à nos vestes, tu peux être sûr que cent balles ne l'en feront pas sortir.

— A la bonne heure, alors voyons comment je me suis fait comprendre.

— Tu as dit d'abord, que, comme partie du souverain, nous étions aussi respectables que le corps de Louis-Philippe ; qu'à la chair humaine près, on devait donc tout employer pour nous guérir de nos souffrances, et que le seul remède était : travail sans chômage. Est-ce çà ?

— Oui, après ?

— Après qu'il était absurde de nous assurer l'instruction et de ne pas nous assurer le travail, de développer notre intelligence, si ce n'était que pour mieux nous faire connaître l'étendue de notre misère.

Que le droit au travail était pour nous une propriété acquise en Février et que, bien qu'elle soit de fraîche date, on n'a pas plus le droit de nous l'enlever que je n'ai celui de prendre l'usine du patron.

Que non-seulement nous avions droit à être tirés de peine comme partie du Souverain, mais que la qualité de membre de la société, tout en nous mettant en devoir de travailler utilement pour le compte de celle-ci, nous rendait cependant le droit absolu de vivre n'importe comment, dès qu'elle nous refusait une existence en rapport avec les besoins qu'elle nous crée.

D'où je conclus, pour mon compte, que ceux qui me contestent le droit au travail en veulent à ma propriété et que je ferai bien de me servir à moi-même de garde champêtre, de gendarme et de cour d'assises.

—Bravo, Baptiste !

— Vous voyez, Patron, nous sommes tous comme cela, pas plus communistes que vous, voulant bien travailler pour vivre, pourvu que nous puissions vivre passablement en travaillant beaucoup.

— Fort bien, mon ami, je t'accorde que vos vœux sont légitimes, mais dis-moi, tout cela n'est que de l'idéologie, ce n'est pas encore du pain. Voilà quatre mille ans que notre âge existe sans que le problème de l'extinction de la misère ait été résolu.

— Soit, Patron ; je ne dis pas non plus que moi, Jean Burin, j'aie fait ce que quarante siècles n'ont pu accomplir, en supposant qu'ils s'en soient occupés, mais je m'en vais vous exposer ce que m'a fourni à ce sujet mon imaginative d'ouvrier.

D'abord vous savez qu'il y a ouvriers et ouvriers, comme il y a patrons et patrons, travailleurs et fainéants, cœur et ventre. Tout doit être fait pour les premiers des deux catégories, chacun devant recueillir ce qu'il a semé. Premier point.

Deuxième point, il est juste de dire que les ateliers nationaux ont fait four complétement, mais aussi qu'on demandait à un avorton venu à deux mois de s'acquitter immédiatement des douze travaux d'Hercule qui était, lui, bien venu à neuf, s'il vous plaît, et avait peu pâti dans sa jeunesse.

Maintenant, j'ouvre le Code pénal et je trouve qu'après avoir longtemps discuté, les législateurs ont ainsi équilibré les plateaux de la balance :

Art. 414. « Toute coalition en ceux qui
« font travailler les ouvriers, tendant à forcer
« injustement et abusivement l'abaissement
« des salaires, suivie d'une tentative ou d'un
« commencement d'exécution , sera punie
« d'un emprisonnement de *six jours* à *un*

« *mois*, et d'une amende de deux cents
« francs. »

Art. 415. « Toute coalition de la part des
« ouvriers pour faire cesser en même temps
« de travailler, interdire le travail dans un
« atelier, empêcher de s'y rendre et d'y rester
« avant ou après de certaines heures, et en
« général pour suspendre, empêcher, enché-
« rir les travaux, s'il y a eu tentative ou com-
« mencement d'exécution, sera punie d'un
« emprisonnement d'*un mois* au moins, et de
« *trois mois* au plus. »

Les chefs ou moteurs seront punis d'un em-
» prisonnement de *deux* à *cinq ans*. »

Ainsi, cinquante maîtres pourront réduire
à la faim 10,000 travailleurs et leur famille,
en tout 80,000 personnes, en risquant au minimum un emprisonnement d'un mois, et un
millier d'écus qu'ils ont gagnés d'avance, pour
peu que la diminution de salaire ait duré
quelque temps avant que la justice ne fût sai-
sie ; tandis que de malheureux travailleurs
poussés par le besoin et exigeant une augmen-
tation de salaire, seront enlevés à leur famille
pour *trois mois*, et pourront être emprisonnés
pour *cinq ans*.

Avouez, patron, que c'est bien là une loi
faite par ceux qui possèdent contre ceux qui
n'ont rien, le 24 février en a fait justice sans
doute. Moi je reconnais que tous les maîtres
ont le droit de se coaliser contre leurs ouvriers,

et que réciproquement les ouvriers peuvent se coaliser contre les maîtres, mais les uns et les autres aux risques et périls de leurs intérêts respectifs.

L'État qui n'est ni propriétaire ni ouvrier, mais qui est intéressé au sort des uns et des autres, l'État qui est le bras de la nation, est cependant tenu de se poser entre l'oppression qui pourrait venir des premiers et les exigences injustes des seconds; le tout est de savoir comment.

Évidemment il ne peut faire un appel à l'emprunt pour soutenir tout ouvrier qui, jugeant à propos de faire grève, prétendrait en même temps qu'il a le droit de vivre. Ce serait là prendre parti quand même pour l'ouvrier contre le maître, il y aurait iniquité flagrante, et l'égalité ne serait plus qu'un mot. De plus, l'ouvrier laborieux, Jean Burin par exemple, mais sans travail, se trouverait sur le même pied que Flambart, à qui, vous le savez, tout travail répugne, ce serait véritablement donner une prime à l'oisiveté.

D'un autre côté, l'État ne s'inquiétera-t-il pas des grèves? Il ne peut évidemment se croire dispensé de s'en inquiéter, les grèves n'étant trop souvent qu'une protestation contre une exploitation indigne, quoiqu'on en dise, l'exploitation de la misère par la fortune.

Voilà comment je conçois la possibilité d'une intervention équitable.

Un tribunal de prud'hommes composé de fonctionnaires désignés par le gouvernement, de propriétaires d'industrie, d'ouvriers patentés élus par les intéressés, serait formé dans chaque chef-lieu de département. Outre les attributions conciliatrices dont jouissait ce conseil tel qu'il était formé déjà, il aurait mission de déterminer chaque année le chiffre au-dessous duquel le salaire journalier du travailleur ne saurait descendre sans que celui-ci se trouve exposé au besoin.

Dans ces mêmes localités seraient établies des maisons de chômage, je n'ose pas dire ateliers, en rapport avec la population ouvrière et le genre d'industrie du pays.

Les ouvriers y seraient partagés par un conseil d'experts en trois groupes, comprenant les ouvriers de deuxième classe, les ouvriers de première classe, les ouvriers-maîtres ; les salaires iraient croissant des premiers aux derniers ; la seconde classe recevant le salaire minimum fixé par les prud'hommes ; les ouvriers maîtres recevant une solde inférieure à celle que touchent en moyenne dans la contrée les contre-maîtres de leur industrie.

Il serait tenu un registre à matricule sur lequel seraient inscrits : le nom, l'âge, la profession, la classe de l'ouvrier, le lieu de sa naissance, la date de son entrée à l'atelier, la date de sa sortie, le nombre des heures de travail, le montant du salaire correspondant perçu à l'atelier, le nom du patron chez lequel il travaillait avant son admission, le nom de celui chez lequel il est entré en quittant la maison de chômage. L'ouvrier parapherait tout feuillet à lui relatif et serait porteur d'un livret renfermant les mêmes indications et paraphé par lui et le directeur de l'atelier.

Ne seraient reçus au service de l'État que les travailleurs sans ouvrage; on les admettrait en se conformant aux règles suivantes :

Dès qu'une industrie, qu'un atelier chômerait par suite de crise ou de circonstances indépendantes de la volonté des travailleurs, ceux-ci auront droit à entrer dans les ateliers de chômage et y exerceront leur métier, ou le métier qui se rapprochera le plus du leur, ou seront employés à un travail utile quelconque.

Dès que par suite de coalition de chefs d'industrie, ou pour toute autre raison, le salaire serait abaissé pour l'ouvrier au-dessous du salaire afférant à la classe dont il ferait partie à l'atelier national, et dans tous les cas au-dessous du minimum légal fixé par le conseil des prud'hommes, l'atelier de l'État devra le recevoir.

Tout homme valide serait considéré comme travailleur, qu'il ait ou n'ait pas de métier.

Pour empêcher qu'un ouvrier ne s'introduise abusivement dans l'atelier de chômage, tout propriétaire d'industrie tiendra un registre fournissant les mêmes indications que celui de l'atelier et les motifs du congédiment. Les feuillets seront paraphés par le maître et l'ouvrier dont le livret devra contenir la copie du registre.

Tant que le salaire donné par le chef d'industrie et indiqué au livret sera supérieur ou égal à celui que l'atelier affecte à la classe dont l'ouvrier fait partie, celui-ci ne pourra pas être reçu à l'atelier.

Dans le cas cependant où des incompatibilités d'humeur ou d'autres causes majeures auraient provoqué le congédîment, le conseil des prud'hommes sera saisi, et en attendant décision, l'ouvrier sera employé à l'atelier national et payé sur le pied du minimum.

Quand la décision sera favorable à l'ouvrier, le patron lui soldera son supplément de salaire depuis le jour du congédîment et désintéressera l'atelier ; le travailleur sera employé par l'atelier s'il ne peut rentrer chez son patron.

Quand la décision sera favorable au patron et que celui-ci consentira à reprendre son ouvrier, retenue sera faite sur le salaire de ce dernier jusqu'à parfait paiement des journées que lui a soldées l'atelier, cette retenue devant porter sur l'excédant que le salaire extérieur présenterait sur le salaire minimum. Si le patron ne veut pas reprendre son ouvrier, celui-ci restera à l'établissement de chômage.

Dans ces deux cas, l'Etat n'ayant rien déboursé pour le travail exécuté, le montant des journées sera versé à la caisse des invalides du travail dont il sera question plus bas.

Les chefs d'industrie ayant besoin de travailleurs s'adresseront à l'atelier où ils s'entendront de gré à gré avec les ouvriers. Dès que les salaires offerts par les patrons atteindront ceux de l'atelier, les ouvriers seront tenus de partir à tour de rôle dans le cas où ils ne pourraient s'entendre de gré à gré.

La longueur de la journée de travail et le choix des heures de repos seraient fixés par le tribunal des prud'hommes et pourraient varier avec les départements, les saisons, les métiers. Le règlement serait exécutoire dans tout le département.

Il ne saurait y avoir de supplément de journée qu'accidentellement et en cas d'urgence : l'excédant de travail serait fait aux heures ordinaires et reviendrait de droit aux ouvriers sans emploi.

L'échelle des salaires serait établi de gré à gré.

Des primes proportionnelles, arrêtées par l'Assemblée nationale, seraient accordées aux industries dans lesquelles les maîtres et les ouvriers seraient associés. Le tribunal des prud'hommes serait chargé de vérifier l'acte de société.

Il serait fait sur le salaire de tous les ouvriers indistinctement perçu soit à l'atelier, soit à l'extérieur, une retenue de 5 pour cent, destinée à créer une tontine analogue à la caisse des invalides de la marine. Tout ouvrier devenu invalide par accident de travail ou ayant accompli trente années de travail inscrites au livret, recevra une pension dont le montant sera calculé sur la valeur acquise par la retenue totale qu'il aura supportée, et la mortalité.

Au cas où l'ouvrier étant sans avoir, et incapable de travailler, cette pension lui paraîtrait insuffisante à ses besoins, le conseil des prud'hommes discutera ses droits à l'admission à l'hôtel des invalides du travail.

Le bénéfice de la caisse des invalides s'étendrait évidemment aux veuves et aux orphelins.

À chaque atelier national seraient annexés une crêche, une salle d'asile, une école d'enfants et d'adultes, une infirmerie et un établissement simple où, moyennant une rétribution la plus faible possible, tous les ouvriers trouveraient une nourriture convenable et des logements sains.

Ces divers établissements seraient administrés par une commission et surveillés par le conseil des prud'hommes.

Le tribunal des prud'hommes publierait à intervalles fixes des mercuriales embrassant le plus grand nombre possible de produits; ces mercuriales de rabais indiqueraient le prix au-dessous duquel l'établissement de chômage ne pourrait pas descendre dans la vente des objets provenant des ateliers nationaux. Dans tous les cas ces objets paraîtraient sur le premier marché cotés de telle sorte qu'ils ne dussent influer sur les cours autrement que par leur nombre.

L'écoulement des produits se ferait au profit de l'Etat jusqu'à parfait remboursement de ses avances et au-delà, au profit de la caisse des invalides du travail.

—Je t'arrête, car voilà l'éternelle pierre d'achoppement.

Il est certain que la destruction du chômage augmente la production ; si donc les débouchés restent ce qu'ils sont, l'abondance des produits amène leur dépréciation, celle-ci réagit progressivement sur les salaires ; que les objets de première nécessité conservent une cote élevée, le conseil des prud'hommes ne pourra déprimer indéfiniment le salaire minimum, dès lors l'encombrement se produit dans les ateliers de chômage et l'industrie privée disparaît.

— Ici je vous prie de remarquer, patron, qu'avant que ce résultat ne se produise nous serions maîtres des marchés dans le monde entier, par conséquent la consommation aurait été croissant bien plus vite pour ainsi dire que la fabrication ; l'exportation aurait pris un développement considérable, la république aurait fait une application intelligente des bras à tous les autres éléments de prospérité, enfin on aurait encouragé l'association et les émigrations en Algérie en y garantissant la propriété.

— Mais, mon cher Jean Burin, toutes les nations nous imiteraient alors ou bien prohiberaient nos produits.

—Patron, à la crainte de l'imitation je répondrai qu'il y a des raisons atmosphériques, géographiques, géologiques, d'esprit national, etc., etc., qui font que la France aura toujours tous les climats féconds de l'Europe, qu'elle sera toujours soudée d'un côté à l'Europe centrale tandis que de l'autre elle dominera les deux grandes mers et sera en même temps sillonnée de beaux fleuves comme un corps puissant l'est d'artères vigoureuses, que ses bassins riches et variés, en même temps qu'ils fournissent froment, animaux de toute nature, chanvre, bois et fers, prodiguent les courants rapides aux roues hydrauliques, les chutes aux turbines et le charbon aux hauts-fourneaux, que le génie de ses habitants est éminemment inventif et progressif, et que, permettez-moi de le dire, sans la rapacité des commerçants nous serions encore les maîtres à bien des titres, malgré la cherté de tout ce que nous livrons.

—Comment entends-tu cela ?

— Voyez-vous : j'ai un cousin, capitaine au long cours ; eh bien! ce brave garçon ne fait pas un voyage sans être humilié : un jour il se présente chez un négociant, au Chili, je suppose, et il lui dit : Monsieur, les affiches du commerce vous auront sans doute appris que j'ai un chargement considérable de tels et tels articles.—Ah ! oui, vous venez de Bordeaux, merci, nous n'avons pas besoin de camelotte ; ou bien il livre des colis devant contenir douze douzaines de tels ou tels objets dont il touche le prix, et puis, au moment de partir, voilà le négociant qui arrive à bord, il n'a trouvé que dix douzaines, l'autre a un connaissement de douze douzaines, cela fait des imbroglios à n'en plus finir et voilà une réputation faite sur la place.

Alors moi je dis qu'une loi convenable sur les marques de fabrique et le contrôle actif des prud'hommes, rendu efficace par la pénalité, arrêteraient court les honteuses manœuvres industrielles qui ont fait mettre nos produits à l'index sur tous les marchés du monde, et de ce moment l'imitation serait bien malade.

En ce qui regarde les prohibitions, il ne me paraît pas probable du tout que jamais les peuples consentent à payer toujours deux francs ce que nous pourrions leur fournir à 1 franc ou 25 centimes, par exemple.

— Il y a certainement beaucoup de raison dans tout ce que tu dis, je passe donc condamnation sur beaucoup de points, et je ne te soumettrai pas toutes les objections qui me viennent.

— Vous faites bien, patron, parce que je

ne crois pas les avoir prévues toutes, tant s'en faut ; mais je me suis dit qu'une œuvre aussi colossale que cette garantie effective du travail ne pouvait sortir d'emblée d'un seul cerveau ; que l'important était de l'entreprendre avec la foi, sauf ensuite à la corriger et à l'amender à mesure. Croyez-vous, par exemple, que cette magnifique peinture de Michel-Ange qu'il m'a été donné de voir, grâce à feu M. Sigalon, se soit faite là en courant, sans retouche et peut-être sans refonte ?

— Non, certes.

— Eh bien ! je vous demande, n'eût-il pas été malheureux que Michel-Ange reculât alors qu'il ne faisait encore qu'apercevoir la longueur de sa tâche et sa difficulté ?

— C'eût été déplorable, en effet ; mais voyons, puisque tu parles art, que feras-tu des peintres, des musiciens, des poètes, des acteurs, des littérateurs, des médecins, des avocats et autres ?

Patron, voilà un des grands chevaux de bataille qu'enfourchent toujours les adversaires du droit au travail ; moi qui ne suis qu'un simple ouvrier, j'avoue que je ne comprends pas la portée de l'objection, d'abord, parce qu'il me paraît certain que hors les hommes qui ont l'habitude de travailler de leurs bras, et surtout parmi ceux qui se livrent, comme on dit, aux travaux de l'esprit, il n'y en aurait

pas un sur cent qui en travaillant régulière-
ment et rudement, ne pût et ne préférât gagner ailleurs le modeste salaire que l'atelier
pourrait lui offrir, et ensuite, qu'en supposant
même que beaucoup d'entre eux vinssent l'exiger, ce ne serait jamais que transitoirement;
or dans ces limites il serait peu onéreux de les
employer à des travaux profitables, et peut-être
utile de leur permettre d'élaborer leurs œuvres
si elles avaient de la valeur.

Mon avis à moi, patron, est, voyez vous,
que s'il ne faut pas être optimiste, et s'imagi-
ner qu'immédiatement tout va marcher sur
des roulettes, il ne faut pas non plus ne pas
sortir de l'excès contraire et dire toujours que
les 33 millions de Français vont se ruer sur
2 ou 3 francs par jour acquis par un travail
de dix ou douze heures.

C'est comme votre monsieur Dufaure qui, à
ce qu'on m'a dit, prétend que la garantie du
travail va tuer l'épargne. Qu'est-ce que cela
veut dire? Il serait donc philantropique, lorsqu'on aurait trouvé un moyen infaillible d'assurer le travail, de ne pas l'employer, ou de
torturer sans cesse l'esprit des ouvriers par la
menace de la misère? Il me semble, dites-
moi, que c'est reprendre bien vite les théories
de M. Guizot. Avez-vous jamais vu d'ailleurs
que le rentier fût moins économe, ou que
l'ouvrier dont le travail est assuré, comme
ceux des arsenaux, par exemple, soit plus

prodigue que celui qui vit au jour la journée? Voyons, dites, patron?

— Non, mon ami, j'ai toujours vu au contraire que plus on est sûr de posséder et plus on calcule pour posséder davantage.

— Eh bien! alors pourquoi l'ouvrier serait-il seul exception? Moi qui n'ai jamais été ministre, je répondrai à M. Dufaure que ce qui tue l'épargne, c'est la certitude où l'on est de ne jamais venir à bout d'y trouver un abri définitif : vous savez bien que nous économisons moins pour parer aux chômages que pour acquérir, aussi n'en déplaise à M. Dufaure, je suis sûr, moi, que l'épargne ira bon train dès qu'on sera sûr de ne pas être forcé à l'absorber le lendemain.

— Sur ce chapitre là je suis complétement de ton avis.

— Qu'on joigne alors les caisses d'épargnes à celle des pensions et des invalides du travail, et qu'on organise un vaste système de tontines où l'épargne se cumulerait avec la retenue du 5 0/0. Savez-vous à quoi j'arrive sans m'inquiéter de l'épargne qui cependant dépasserait la retenue dans la plupart des cas?

— Voyons.

— Voilà comment je raisonne de par les tables de mortalité et Barême ;

Il y a en France à peu près 78,850 travailleurs de 18 ans, dont 56,700 seulement arrivent à 50 ans. En supposant, ce qui est à peu près rigoureux, que les extinctions aient lieu uniformément, on aurait le chiffre total des retenues en les supposant faites pendant trente ans sur la moyenne 67,725 des deux nombres ci-dessus. Or, l'ouvrier ne chômant plus travaillera 300 jours par an, au moins au prix moyen de 2 fr. que l'État accorde à ses cantonniers. Ces 600 fr. donnent lieu à une retenue de 30 fr. qui, placés à intérêts composés pendant 30 ans, se transforment, si je ne me trompe, en 2,000 fr., la retenue étant supposée faite sur 67,725 têtes, s'élève ainsi à 135,450,000 qui se partagent entre 56,700 travailleurs à raison de 2,378 fr. chacun, ou 119 fr. de rente. Ainsi, à 48 ans, un ouvrier aurait 119 fr. de rente, sans compter ce qu'il aurait pu épargner, et ce qu'il pourra encore gagner. Admettant maintenant qu'il continue à travailler jusqu'à 60 ans, comme nous le faisons presque tous, il arrivera à une somme bien plus ronde, car il ne reste plus alors que 44,887 survivants; les retenues peuvent être considérées comme opérées sur la moyenne 61,823, et on arrive en raisonnant comme plus haut à la somme de 248,737,575 fr. qui, partagée également entre les 44,887 ouvriers, assure à chacun de ceux-ci une somme de 5,540 f., ou 227 fr. de rente, toujours sans compter l'épargne, en prenant pour base le salaire minimum, et supposant que l'association ouvrière n'ait rien produit. Arrivé à 60 ans, je suppose que le vieillard veut se reposer : l'épargne et les profits ont accru son capital du cinquième, ce qui n'est pas lourd, et l'ont porté à 7,000 fr., rien ne l'empêche alors d'attaquer celui-ci à raison de 600 fr. par an, cette manière de faire permet à mon brave homme de courir sur son avoir jusqu'à 75 ans, et si alors il a besoin de recourir à l'assistance, ce ne sera pas pour longtemps.

— Mais es-tu sûr au moins de tes calculs ?

— Parfaitement sûr ; mais il ne faudrait pas, par exemple, que le gouvernement pût jouer avec cette caisse qui au bout d'un certain nombre d'années, lui aurait mis entre les mains une somme de plusieurs millards appartenant aux ouvriers.

— Oui, ce serait là pour lui à la fois un levier et un écueil, mais il est probable qu'en tous cas la tontine ouvrière serait regardée comme créancier privilégié de l'État et courrait dès lors peu de périls.

— Vous avez raison, patron, et ce serait là un moyen héroïque de nous rendre solidaires de l'État et de tout ce qu'il possède.

— C'est clair ! Allons ! ton système me re-

vient assez. Il offre des garanties suffisantes
à l'industrie privée, qui, s'il est dans sa destinée d'être absorbée, le sera du moins sans se-
cousse et au profit de l'association ouvrière ;
de plus, il n'est pas subordonné à l'établissement d'un système particulier de crédit foncier, de l'impôt progressif, etc... Il part d'un
principe d'équité, s'appuie sur le travail réel,
entretient l'émulation, encourage l'épargne en
la facilitant et la laissant fructifier, il donne à
l'ouvrier le goût de la famille en lui en épar-
gnant les plus grands soucis, l'attache à l'Etat
par la reconnaissance et l'intérêt, lui fournit
le moyen de s'éclairer. Il me vient cependant
une observation qui me touche : M. Dufaure,
qui ne me paraît pas être ton ami, a dit aussi
avec beaucoup de raison, ce me semble, que la
certitude d'être employé et payé quand même
rendrait nécessairement l'ouvrier indolent, et
que ceux-ci se constitueraient dès-lors en véritable aristocratie de paresseux.

— Patron, je suis véritablement étonné de
la facilité avec laquelle tout le monde accepte
ces idées dès qu'elles sortent d'une bouche de
l'ancienne gauche. Ces gens-là perdent donc
toujours de vue que le droit au travail n'est
acquis qu'à celui qui s'impose le devoir de
travailler, et d'ailleurs dans mon système qui
est une véritable association contre le chômage
dont l'Etat prend l'initiative, mon conseil d'ex-

perts ou de prud'hommes vous mettrait à la porte mon fainéant, qui dès-lors n'aurait pas plus de droits au bénéfice du travail, qu'il n'en aurait à celui de l'assistance dont M. Dufaure a cependant autorisé l'insertion au préambule.

— Voyons cependant, un mot encore ; que feras-tu des agriculteurs ?

— Pour ceux-là c'est une autre affaire ; je ne crois pas qu'ils puissent rentrer dans la règle générale : mais je crois que chaque chef-lieu de canton pourrait être le centre d'action d'une association particulière aux travailleurs de terre ; ces premiers centres seraient tous reliés entre eux par les chef-lieux d'arrondissement qui se rattacheraient eux-mêmes au chef-lieu du département. Les rapports et les bases du contrat entre propriétaires et travailleurs seraient aussi fixés et contrôlés par les prud'hommes, mais je crois qu'on ne doit pas espérer de voir fonctionner heureusement l'association agricole avant que le crédit foncier ne soit lui-même organisé et défendu de l'usure.

— Allons, mon garçon, je voudrais voir ton système à l'œuvre et j'y aurais assez de confiance pour l'aider de mille écus de ma bourse.

— Oh patron ! si tous vous ressemblaient, il n'y aurait pas besoin de rien changer ; mais vous connaissez assez vos collègues pour savoir qu'il en est des patrons comme des rois; si l'un est bon son successeur peut ne pas l'être, et c'est pour cela que nous crierons toujours :

Vive la République démocratique et le droit au travail !

Paris. — Imprim. de Lacour, r, St-Hyacinthe-St-Michel, 33.